누구에게나 있을 법한 계절

누구에게나 있을 법한 계절

취황 시집

스토리로즈

목 차

봄

사랑의 수평선 / 11
다시, 핀다 / 12
아침 밥 / 13
백목련, 자목련 / 15
고백 / 16
요산요여 / 17
신봉소류의 유년시절 / 18
용의 바다 / 19
미생 / 20

여름

첫사랑 / 22
마른 거죽손 / 23
벌새 / 25

송골매가 돈다 / 26
과소평가할 계절이 어디 있소 / 28
승전고 / 29
고양이 가족 / 30
더위까지 좋을 일이야 / 31
잡고 싶은 밤 / 32

가을

저녁 드라이브 / 34
자유갈망 / 35
징검다리 / 36
마지막 탱고 / 37
동묘 / 39
잠시 숨을 고르는 시간 / 40
다도 / 42
황혼의 존재 이유 / 43
하나의 모습으로 / 44
적어도 좋아 / 45

겨울

비와 달님 / 47
나는 죽 쑨 적이 없다네 / 48
낡은 기찻길 / 49
어촌의 달 따오기 / 50
무지개 다리 / 51
해보다 달을 더 많이 봐 / 52
아침 공기 / 53
겨울 안에 / 54
야생화 인사 / 55

작가의 말

　제 나이, 만으로 열두 살, 국어 선생님이 새로 부임해 왔습니다. 젊은 총각 선생님이셨고, 우리는 모두 들떠 있었죠. 백일장이 열린 날, 어머니에 대한 시를 썼는데, 학교에서 1등을 했지 뭡니까. 그때부터 이거 참 재미있다는 생각이 드는 거예요. 친구에게도 매일 같이 시를 써 주고, 국어 시간에는 더 또랑또랑하게 발표하고, 칭찬받는 데에 길들여지기 시작했습니다.

　사람 마음이 참 우습죠? 문학이라고는 전혀 관심 없던 제가, 특히 시는 왜 저렇게 쓸까 했던 제가 주변의 관심과 애정을 받은 이후엔 자작시를 쓰는 게 습관이 되어버렸습니다. 매일 하나의 시를 써야 마음 정돈이 되기 시작했죠. 못 썼더라도 상관없었습니다. 저만 보는 시이니까요. 여느 사람들처럼 인문학 계통은 돈벌이가 되지 않겠다는 판단에 공대에 들어가 졸업을 하였고, 어느덧 시간이 꽤 흘러 버렸습니다. 그렇게 제 일상에서 시는 일기였습니다.

　어느 날, 제 남편이 된 그때의 남자친구로부터 "네 시를 읽으니까 맘이 편안해지면서 치유가 된다, 기분이 좋아져."

라는 말을 듣고 이젠 꽤 길어진 글줄들을 한 줄씩 사람들에게 풀어도 되지 않나 하는 생각이 들었습니다.

 2024년 2월, 문득 이때까지의 저와는 다른 사람이 되고 싶은 생각이 들었습니다. 그럭저럭 사회생활을 하며 익숙해진 제 모습이 아니라 시인으로 새로 태어나고 싶었지요. 그래서 스스로 저에게 이름을 지어줍니다, '취황'이라고. 한자로 하면 炊晄입니다. 생소하시죠? 한자가 점점 한국인의 생활에서 멀어진 요즘에 오히려 옛 선비처럼 손으로 써보고 뜻도 음미하면서 아날로그 감성에 젖어보고 싶었습니다.

 불을 때어 따뜻하게 밥을 지어내듯 시를 써 따뜻하게 마음을 녹이는 사람이 되어줬으면 좋겠다는 생각에 부여한 시인으로서의 이름 두 자. 이 이름 두 자처럼 제가 지은 시 알알이 여러분의 희망, 행복, 위로, 용기의 감정을 북돋아 줄 수 있길 바랍니다.

 마지막으로 시집을 짤막하게 소개하겠습니다. 이 시집은 사계절의 흐름에 따라 구성되어 있습니다. 각 계절마다 고유의 경치, 감정, 젊음과 늙음, 감각, 소유와 상실을 펼쳐 보여줍니다. 이윽고, 독자는 마음으로 그 자극들을 인식하게 될 것입니다. 봄은 봄대로 여름은 여름대로 가을은 가을대로 겨울은 겨울대로 최선을 다하고 있음을, 그리고 어느 계절도 아름답지 않은 계절은 없음을.
 지금 서계신 곳이 겨울이라 하여 웅크리거나 주눅 들지 마시길.
 겨울에도 야생화는 핍니다.

2025년 6월 9일
취황

봄

사랑의 수평선

물결이 수평으로 걸어 들어오고
바위 위엔 암수 갈매기

시샘이 물 위를 떠다니다
철썩! 바위의 엉덩이를 때린다

휘어져 뿜는 파도 소리에
암컷이 어머 무서워라!
바싹 붙어온다

수컷은 물결을 등지고 날개로
암컷의 딸기 같은 양어깨를
조심스레 안아본다

다시, 핀다

따뜻한 봄이 오면 강구안으로 가
너와 물결 위에 맘을 띄우고 싶다
팽팽하게 불어넣은 사랑은 바람 따라
날아가며 신선한 물고기와 놀 수 있다
매끈한 몸 닿을라치면 어느새 튕겨나가
풍선처럼 한껏 감정이 차올랐다가

시간이 주는 빛바램에 쭈그러지고
공기처럼 빠져나가 마른 한숨으로 가라앉겠지만
따뜻한 봄이 오면 사랑은 다시
새 숨이 차올라 팽팽해질 거야

아침 밥

올려다보니
천장의 거미줄이 시야에 들어왔다
세상에 거미가 한둘이 아니다
사람은 숨을 조용히 내쉬며
거미줄을 본다
부지런함을 본다
호기심이 생긴다
들숨날숨에 흔들리는 가느다란
먹잇감을 진득하게 싸매는 거미의 뒤꽁무니
안락한 죽음이 따로 없다
친친

호흡을 거세게 내뱉어본다
창 끄트머리에 머리를 콕 박고
입을 오물거리는 녀석
툭!
떨어지고야 마는데
곤두박질친 거미는 벽을 타고 오르고

숨 고를 틈도 없이 안전지대로 간다
자세히 보니 알 주머니가 그물에 매달려 있다
아아 어미였구나
살아내야 할 이유가 있구나

사람은 가장 편한 자세로 누웠다
엄마는 식사를 차리고 있다
끈끈하고 허연 거미줄 같은 죽을 끓이고 있다
따뜻하고 배부른 모정이 연기로 피어오른다
거미줄이 촉촉해진다

백목련, 자목련

양모 저고리에 붉은 치마
족두리 구슬엔 벌이 나다니고
살포시 손 내밀어 하늘이 닿네
희게 응결한 구름은
해를 살짝 내어주고
바람에 실려 비켜가네

아껴둔 장롱 속 예쁜 옷 꺼내 입는 날
나무도 사람도
환하게 천연색 옷을 입었네
나이와 상관없이 어린아이가 되어
온통 웃음이 번져 콧노래만 흘러나오네

색시 같은 목련 꽃처럼
너의 마음도
나의 마음도
봄이 되었네

고백

안타깝게도 그들의 목소리는 유리를 넘지 못한다. 소유의식이 꽉 찬 어항 앞에는 어항을 소유한 인간이 상차림비를 내고 앉아있다. 먹고 먹히고 긴박한 와중에, 언제 목을 내놓을지 모르는 와중에야 그들은 비로소 가장 솔직할 수 있다. 바다에서는 아닌 척 거품만 뿜어냈다. 척은 늘 척으로 돌아왔다. 싱싱한 횟감이 여태 하지 못한 말을 칼날 앞에서 쏟아내는 중이다.

니 내 사랑하나
꽁치가 멸치에게 묻는다

그래 꽁치,
멸치가 꽁치에게 대답한다

안 들린다, 확실하나
멸치에게 또 묻는다

멸치가 꽁치에게 다시 대답한다
글타니까, 메르치는 꽁치 꺼!

요산요여(樂山樂汝)

상하로 수직을 긋는 물은 산을 좋아한다
좋아하지 않고서야 산부터 먼저 적실 순 없다
이유를 물어봐도 답은 않고 싸느랗게 발만 에운다
방금 녹인 유리처럼 모래알도 수면에 비친다

물방울 구슬이 광채를 내자 공기가 알알이 입자로 곱게 간다
고래가 크릴을 삼키듯 바람이 한 움큼 크게 들이켜고
조만간 비가 뿌려질 것이다

산이 좋아 빗물이 닿을 것이다
빗물 닿으면 계곡이 폭포수를 만들 것이다
폭포가 닿으면 호수가 쌓일 것이다

좋아함이 좋아함을 다량생산할 것이다

신봉소류의 유년시절 - 통영 산유골에서

바닷물이 이웃 뭍에 놀러 다니다가 덜컥 산유골에 갇혔는데
공기 좋고 사람 좋아 이대로 있기로 하였네
삼월이면 산수유나무는 태양 핀을 머리카락 사이 꽂곤 하는데
망울이 폭죽 터지면 봄빛을 나누네

수백 번의 팝콘이 터져 노랗게 피워내자 사계가 수백 번 흘렀고
바닷물은 웅크린 저수지 신세가 되었지

이봐, 한때 섬마다 헤엄치며 노닐었던 왕년
마을을 모두 덮으려다가
애써 그래봤자 뭣하겠나 싶어
친구집 드나들며 머무는 날도 길어졌지
수나비가 암나비 찾는 게 보통의 일이잖아

여긴,
짠 내 나는 그곳보다 향긋한 숲정이가 한 바퀴 돌며 가고
굴뚝 냄새 은근하고
연기는 구름 밟고 올라가네

용의 바다
龍

짠물이 하나로 이어진 남쪽 진해 바다엔 용이 세 마리 사는데
검은 용, 흰 용, 푸른 용이 눈에 띄지 않게
숨 쉴 때엔 물거품으로
손짓할 때엔 파도로 내색한다는데

어린아이는 종종 살펴서
돛으로 다가오곤 하지
네 앞에 닻을 내리고 돛자락이 퍼덕거리거든
막 태어난 듯 물렁하고 연한 기분이 들거든
한 마리 짧은 동안 왔다 간 거야

어린아이가 되는 데에는
긴 시간이 필요 없어
감정이 어른만큼 크지 않았어도
괜찮아, 이 바다 앞에서는

미생
未生

아파트 불빛은 지우개가 되어
자기보다 먼 거리의 별을 삭제한다
심지어 이따금 달도 먹어치우곤 한다

가까이 곁에 둔 꽃나무는 밤에도
빛이 나는데 그 무엇도 지우지 않는다
달은 달대로 삼월은 삼월대로 피어있다

하찮은 자연물은 서로 다르게 빛이 난다
하찮은 것이 하찮은 것인지 의심스러운 밤의 향기가
부끄럽게 만든다

암술과 수술이 별자리처럼
제자리에 얹혀 하늘을 모은다
그들은 조물주의 피조물
인간이 만든 것은 조물주의 피조물의 피조물의 피조물의

여름

첫사랑

열여덟, 병천교의 든직한 등이
시내에 어스름 비칠 때
벌거숭이 몇몇은 어푸어푸 멱 감는
여름의 손을 잡는다

엉덩이 두 짝 부끄럽지 않은가 보다
놀려대자 되려 꺼지랑께
당당함은 유쾌한 웃음으로 흘러
물빛이 반짝인다

다리 건너 기와집 몇 채 위에
별이 떨어지는 날 입 맞추려는데
사나운 개 왕왕 짖으니 먹을 것 몇 덩이 던져주며
슬금슬금 뒷걸음질

달이 어둠을 치고
별이 촘, 박히고
첫사랑은 여자를 들쳐 업고
밤길엔 개구리 소리

마른 거죽손

꼬마 애 둘은 할미에게 엉겨 붙었어
할미는 꼬맹이 뺨에 손을 오므리고 비밀뽀뽀를 하고
식은 핫바와 편의점 치즈케이크를 든 나는 시선 고정

출발합니더 거 안 타고 뭐합니꺼
버스 기사는 창밖 할미를 재촉하고
노인의 쭈글손은 아이들 얼굴을 다시 포개었어

손, 그 손이 낯설지 않아

벽에다 낙서하고 낄낄대는 내 얼굴처럼
사랑스러운 얼굴은 없었지
말린 오징어로 국을 만든 외할미
숟갈 던지며 안 먹어 해버린
어릴 적 내 뾰로통한 얼굴을 감싼
그 손

할미는 꼬맹이들을 떼어내 버스를 타고

우짜노 아덜이 자꾸 우네 아고
어여 가라 뭐하노
에미야 뭐하노

벌새

하늘에서 실타래가 풀려나온다
날개를 꽁꽁 묶어 공중에 매단다
주변의 자극을 따라 뇌가 명령하면
꼭두각시가 되어 맛집으로 간다

한 여름의 꽃 덤불이 단물로 꼬리 친다
꽃과 하나 되어 벗어날 수가 없다

한 철의 풍미가 땅 아래로 거두어질 때에도
소등의 시간이 다 되었는데도
꽃 덤불에서 헤어 나올 수가 없다

이 계절이 끝나면 하늘은 실타래를 자를 것이다

송골매가 돈다

벼락 맞은 나무 주위를 뱅뱅

멀리서 온 너는
대륙에서 온 너는
무엇을 찾고 있니
먹을 것을 찾니
새끼를 잃었니
떠났던 무리를 찾니

그것도 아니면
왔던 길을 돌아가는 거니
하늘엔 길이 없는데
어떻게 찾으려 하니
가늘고 째지는 소리가 공명을 하면
주파수로 하늘 길을 여는 거니

빙그르 빙그르
몇 번이고 주위를 돌면

현기증이 나기도 할 법한데
밭부모의 숙명이 제자리를 돌고 도네

과소평가할 계절이 어디 있소

꽃 피고 새 우는 계절이 어디 봄뿐이겠습니까
뭐 한다고 그렇게 봄봄거리며 사계의 여왕으로 떠받든답니까
아니 아니 여름에도 꽃 피고 새 울고 심지어 과일은
얼마나 달달하게요

이게 다 겨울 놈 때문이겠지요
그 억세고 차가운 것이 대기를 낮게 누르니 어찌 모두
움츠러들지 않겠냐 말이에요
비교당하니 속상하고 공간이 불편하지만
지구를 더위로 채워 생물이 한껏 양분을 끌어올려야 해서
더는 이야기 그만하겠습니다

잠깐만
한마디만 더하자면
색소를 버리고 잎이 떨어지거들랑 물어나 봐주시죠
여름이 한 일을

승전고 - 이순신을 기리며

당포성에 장군님 오신대
하늘색이 유난히 밝잖아
바다의 경계도 없어졌어
초월한 경계에 서계시지

바람으로 융단을 내고
물결로 카펫을 펴자
바람길로 온 장군님
물길로 낸 승전 소식

칼자루는 외로운 달을
몇 번이나 쳐냈겠지만
아랫것 낮춤 없이
방향은 늘 적진이지

엎드려 항구에 다다라
미끄러지듯 절을 납죽 올리자
양 갈래 길을 내어
걸음마다 돋보이는 칼의 장단

고양이 가족

누구는 집도 절도 없다지만
가람 바위 위의 작은 오두막이 우리 집
길고양이인 듯 아닌 듯 여유 있게
내미는 손엔 몸을 주고 차분한 가족 나들이
뒤꿈치 또박또박 걸으면 공간이 길을 내어요

'누일 곳은 있어야지'
주지스님이 지어준
바람과 뙤약볕을 가르는 야무지고 굳센 집
뭣도 아닌 하급 시민이 부자 될 가망은 없다 해도
열등감 없이 살면 이미 때부자
잔털이 보송 발자국을 찍으며 살림이 피네요

더위까지 좋을 일이야

시원한 분수가 쏴아아
여름밤을 올라탄다
멈출 줄 모르고
하트도 공중 뛰기로 그려낸다

낭만에 열대야가 묻어서
습도가 포근하다
기후 폭탄이 내리꽂자
심장도 발열한다

봉지에서 자두 듬뿍
네게 내밀어 본다

잡고 싶은 밤

고요하고 푸르뎅뎅한 달이
둥실 내려다보면

누군가는 사랑을 속삭이고
누군가는 고민에 휩싸이고
누군가는 노동에 땀 흘리고
누군가는 시험을 준비하고
누군가는 내일을 기약하고
그 누군가 중 나도 있고 너도 있다

무정한 시계가 자정을 알린다
전봇대가 밤을 친친 매달아 줬으면

고삐 매인 집지킴이처럼 달아나지 못하게
닭이 쪼아내 도망자 신세 되지 못하게

가을

저녁 드라이브

오색 물감이 하늘에 뿌려질 때 집으로 돌아가는 길
양 떼 몰이하던 바람은 잠시 언덕에 걸터앉아
흰 장갑을 끼고 포근하게 태양을 감싸 꾹 누른다

뚝뚝 떨어진 노을은 도로를 적시고
젖은 도로가 음표를 그려내면
산은 그대로 받아 적어 흥얼거린다

귓가에 흙의 노래가 심장을 두드리고
바퀴는 북이 되어 지표면을 튕긴다
오선지가 빈 틈 없이 메워지고
빽빽이 메워질수록 복잡한 심상은
여과된다

자유갈망

수족관 물고기는 노랑묵 도토리묵 녹두묵 청포묵
탱글한 모습으로 형형색색 갖고 있는 색이 많다
어항이 좁아서 맵시가 넘쳐흐르지만 탈출은 힘들다

사람들은 매일 유리너머 색깔을 먹는다
취향껏 먹다가 유행이 지나면 물고기는 고향으로 돌아갈 수 있을까
공중으로 강제로 들어 올려져도 좋으니 난 곳의 물맛이 그립다

마주 보는 벽에는 수채화가 걸려 있다, 수채화도 물맛이 좋아야 한다지?

각기 다른 타향살이 서민들은 물맛을 구분할 줄 모른다
하루 배 따숩고 잠 잘 잤으면 그것으로 된 것이라서

그나저나 노랑묵 도토리묵 녹두무 청포묵을 먹어본 지가 언제더라
어항이 좁아서 갈 곳이 마땅치 않다

징검다리

바람 소리 중간중간 숨소리로 장단 치듯 걷다 보니
어느새 하천의 징검다리
나무 숨결도 잠시 쉬어가는 그 다리 앞

수없이 흔들렸을 하루치 마음을 다리 중앙에 서서
흩뿌려 본다, 미움, 행복함, 원망, 사랑, 시기, 존경 중에서
미움, 원망, 시기만

잘 가

하천은 떨어지는 감정을 받아 삼키고는 입을 닫는다
비밀이 지켜진다

마지막 탱고

시기보다 앞서 힘이 다한 여름 말미

나 이제 떨어질게, 사라지는 건 슬프지 않지만
잊히는 게 자꾸 맘에 걸려
내년에도
햇살이 간질이면 녹색으로 돋을 거야

떨어지는 찰나
이파리에 바람이 실렸나?
지나던 나비의 혼이 실렸나?

낙하를 멈추고
공중에서 사르르 도네
위아래 좌우 흔들흔들
심지어
마른 소리를 내는 떨어진 잎들 위에서
공중제비까지 하며 탱고를 춰버렸네
여름내 말동무 거미 한 마리가
하늘땅 빈 곳에서 나를 붙잡았다네

거미줄에 매달려 기억이 아쉬운 이파리를
안아 올려 함께 이별 춤을 췄네

동묘
東廟

왁자지껄한 구제시장은 갓 떼온 물건들로 클림트의 사과
나무가 되었다
가던 길 멈춰 풍성한 수확을 보고 있자면

누굴까
추억을 싼 값에 판 사람은
꽤나 아꼈을 법한 시간을 떼어낸 사람은
규범의 손아귀에서 벗어나
마음대로 색 천지인 이곳은

공방인지 놀이터인지 공원인지 모를
흙 돌담 뒤 포토존에
웃비 걷자 사백 년이 흘렀고
간수해 왔던 십육 세기 명장이 서있다

벽 하나 사이에 두고

잠시 숨을 고르는 시간

날이 샐 때부터 울던 매미가
서늘하게 떠날 즈음 가을이 오는데
차분한 바람이 걸어와 얇은 이불을 걷고
두터운 양말과 상하의를 입혀

성큼성큼
기압의 변화가 굵은소금을 냄비 바닥에 두껍고 넓게 뿌려
연한 잿빛 머리에 누런 무늬 옷을 입은 보리새우와
같은 옷을 입은 달걀을
파드닥파드닥
구워내면
여름을 쫓아낸 계절이 승자가 되지

이맘때
엄마는 추어탕을 고았는데
소금 잔뜩 든 양동이에서
미꾸라지들이 그렇게 파드닥거렸지
가을의 공통점은
숨을 죽인 음식들을 먹는 건가 봐

가끔 먹고픈 그 맛이 떠오르면
나도 잠시 숨을 죽이지

다도

차를 따를 땐 절로 숙연해져
조심스러운 맘이 앞선다
눈치 교전 상태
달콤한 호박죽 입맛만 다실뿐
꿀팥 두텁떡 앞에서도 수저는 두동사니

훈육일까
기다림의 묘미일까
헷갈리는 마음은 밖으로 나돈다
금빛 억새밭 곁에서
보리 음료 한 모금이나 마셨음 싶다

멀뚱하게 얼마나 앉아있었을까
차와 찻잔이 교섭을 이루고
입맛이 꿀팥을 감친다

황혼의 존재 이유

꽃이 지고
잎이 떨어지는 계절
나는 그대에게

잎을 보지 마셔요
열매를 보아요
라고 말한다

충실했던 계절과
스산히 온 시절을 길게도 버틴 육체는
피로하고 쇠약하다

매끄럽고 반질거리던 겨울가지에서
세대를 넘을 서사의 씨가 남을
황혼이 올 때 비로소 열매 맺음을
이미 앞서간 이들은 증명했다

증명대로 새싹은 나고
남은 자들은 그들의 생의 버튼을 재생한다

하나의 모습으로

깻묵이 된다 한들
만날 사람이 못 만나는 법은 없소

탈탈 털려 알몸이 되고
온통 짜내어 남는 게 없어도
예전 그 땅에 다시 뿌려져

위에선 암꽃으로 아래에선 수꽃으로
남쪽으로 가 토란 모습으로 하나가 될 거요

적어도 좋아

버터에 바싹 구운 식빵
그 사이 뭘 넣어도 좋아
시간이 달콤하게 익혀낸 감정
그 사이 뭘 해도 좋아

좋으면 좋다
싫으면 싫다
시답잖은 말 한마디라도
건넬 수 있다면
훌쩍 지나온 시간 사이
뭘 말해도 좋아

세상에 좋은 것이
한둘이겠냐만
제일 좋은 건 무엇을 먹더라도
어디에 가더라도 함께 하는 것

식빵보다 더 좋은 것도 많지만
버터 없이 잼 없이도 주머니가 텅 비어도
마른 빵 한 조각 나눠 먹는 우리 사이

겨울

비와 달님

구름 걷고 얼굴 빼꼼
고마우셔라
사람들 마음 문도 활짝
당차셔라

소원을 빌어요
빗줄기를 꺾고 힘차게

님 보러 가는 일 외엔
모두 가욋일일 뿐
가영수 끓어놓은 소원으로
한 해 분량 당겨 쓰는 행운

소원을 빌어요
시큼한 삭풍 썬 비를 맞으며

나는 죽 쑨 적이 없다네

나는 죽 쑨 적이 없다네

그깟 작은 세포 변형이 뭔지
타들어가는 육신을 옷으로 꽁꽁 숨긴 줄도 모르고
자동차 액셀레이터를 신나게 밟았다네

조수석 어머니의 머리가 핑 돈 줄은 몰랐네

고민이 숙면을 파먹어서
쉽사리 잠들지 못하는 그녀를 뒤로 하고도
나는 쌀 죽 한번 쑨 적이 없다네

기관지의 점막이 그녀를 칠칠야밤 동굴로 데려가는 것을
자꾸만 앞서 뛰어가는 그녀를 보고서도

단출한 밥상 한번 내드린 적이 없었네

낡은 기찻길

기차는 떠날 준비가 다 되었지만
종착역까지 함께 갈 것을 요구하진 않는다
여행을 하든 경유를 하든 집으로 가든
타는 자의 몫이다

미리 작별 인사를 하고
미리 주변 정리를 하고
마치 내일 떠날 사람처럼 굴고
마치 떠난 후 후회 없을 것처럼 굴고

살아온 햇수가 늘어날수록 그러지 말자
나비가 떠난다고 꽃이 피기를 멈추진 않듯
오래 묵힌 시간은 인연을 피고 지고 반복한다

일회용 생물 몸체가 다 소모되고 자취가 없어져도
삐걱거리는 낡은 철도 레일이 철거되더라도
역사는 남아있다
언젠가 운영될지 앞으로도 거렇게 들어앉아만 있을지
알 수는 없지만
역사는 남아 있다

어촌의 달 따오기

섬이 많기도 많다
들락날락 그 모양도 가지가지
방파제로 바닷물 가둬 매립하면
항구, 위판장, 어촌마을이 들어섰고
남자들은 배를 타면 한두 달은 금세 지났다

정월대보름이 되면
검은 커튼이 내려오고
밤이 가가호호 방문한다

모여든 주민들은 무사안일 기원하며
달을 따다 짚단 안에 넣고
더 높이 오래 타길 바란다

아낙네가 두 손 모아 기도할 동안
달은 스스로 몸을 달게 태워
영혼으로 하늘에 닿아 사계절을 고루 익힌다

금년 달은 샛노랗게 잘 익었으니
어장은 풍년이 될 게다

무지개 다리

하늘로 여행 간 사람이 잊힐 때쯤이면
칠색 계단이 내려옵니다
다시 한번 생사를 가르는 듯합니다

물처럼 싹둑 갈라지진 않습니다만
이따금씩 길이 열리면 별 수 없이
한 걸음 물러납니다

각자 보폭은 다르지만 걸음이 모이면
너비가 꽤 되어 한 자리에서 빙글빙글
돌 정도는 됩니다
반가움에 돌던 치마가 둥글게 무늬가 나면
하늘이 색을 분리해 다시 계단을 거두어 가려고 합니다

바람이 휙 뿌려져 도로 제자리에 놓이면
잠시나마 만난 이들은 서로 손을 꼭 잡아봅니다

해보다 달을 더 많이 봐

컴퓨터에 불이 나 책상 위 서류가 뒤죽박죽
시간이 지나간 자리마다 뇌의 재가 남고
그을음과 함께 워커홀릭의 하루는 재깍재깍

장미까진 바라지도 않아 안개꽃이라도
망울거리는 한때를 붙잡아 보고 싶어
서너 달 보지 못한 해는 중천에 떴겠지

상자 안의 상자, 또 그 안의 상자에서
또 다른 상자를 보면서 빛을 바라고
어느새 잡힐 듯한 늑대 구름 몰려와서는
달빛이 제 얼굴을 어둠 속에서 은은하게 빛을 내

유리문에 비치는 선명한 실루엣
서두르지 않고 머무는 주근깨 드문 박힌 둥근 호떡
겨울이라 발길 잡는 뒤집개의 몸짓이 부드럽고 맛있다
경직되고 뭉친 낮이 요깃거리에 풀려 어둡게 부드러워진다
바쁜 손이 이제야 휴식이다

아침 공기

편백나무 향이 몸을 적시면
하늘도 종종 연못가에서 서성이고
사찰 공기는 시련처럼 차가워진다
미래사가 성큼 온 것이다

어제는 있었지만 오늘은 없는 듯하고
있어야 할 사람도 어제와 오늘을 달리한다

존재의 다사스러움에 목매다 보니
부재의 깊은 틈을 보지 못하고
유에서 무로 발화되고 난 뒤에야
무가 허를 찌르며 뒤통수를 친다
無

'좋은 곳으로 가시오'

이 말만 맘속으로 되뇔 뿐
공기가 창유리 되어 손 내밀어도 닿을 수가 없다

겨울 안에

겨울비가 잎사귀를 적시고
낯익은 댄스가 무르익고
음악은 그칠 줄 몰라 땅을 적시고
남강은 그득 차오릅니다

한가하던 밤을 빗소리가 깨웁니다
이렇듯 넉넉한 지구의 풍유와
잦아드는 새소리를 만끽할 여유가 있으니
한밤엔 비가 오지 않아 얼마나 다행입니까

해 뜨지 않았어도 이미 밝아진 마음
이 땅에 밝혀야 할 곳이 많긴 하다만
씨앗은 어둠을 먹고 움틉니다
나무 밑 그늘에 봄이 숨어 있습니다

야생화 인사

건널목 신호 바뀌기를 기다리는 시간은
고무줄처럼 늘어지다가 짧아지다가
발을 한시도 가만두지 못하고 왔다 갔다 하다가

목석처럼 제자리에 아둔하게 서서 사람들이 건너가길
바라볼 때
아차!

부리나케 꽁무니를 따라서는데
신호등이 5, 4, 3, 2
재깍재깍 타이머 작동

1이 되기 무섭게 속도를 낸다
뛰는 데 익숙지 않던 몸에서
헐떡거리는 숨소리가 씩씩

오늘도 무사히 출근하십니까
찬 바람과 콘크리트와 두터운 이파리를 입고서는
삼각지대에 핀 들꽃이 묻는다

답할 겨를 없이
총알처럼 뛰어간다
자동문이 열린다
바람이 잠시 으르렁거리더니
이내 문이 닫힌다

누구에게나 있을 법한 계절

초판 1쇄 인쇄 2025년 6월 9일
초판 1쇄 발행 2025년 6월 9일

지은이   취황
펴낸이   황정희

펴낸곳   스토리로즈
등록번호   제 420-2023-000013 호
등록일자   2023년 6월 13일
홈페이지   https://storyrose.creatorlink.net

ⓒ 취황 2025

정가 12,200 원

*이 책은 네이버 나눔명조, 학교안심은하수R, 학교안심구름R, 학교안심산뜻돋움M, 학교안심바른바탕B, 국립박물관문화재단클래식B 글꼴을 사용해 디자인했습니다. 또한 '속초시'에서 '2023년' 작성하여 공공누리 제1유형으로 개방한 '속초바다체' 중 속초바다돋움체를 사용해 디자인했습니다. (속초시, https://www.sokcho.go.kr/sc/portal/sokchocity/symbol/font)

ISBN 979-11-992509-0-1